Écrit par Brigitte Coppin
Illustré par Jean-Marie Poissenot

Conseil pédagogique :
Équipe du bureau de l'Association Générale
des Instituteurs et Institutrices des Écoles
et Classes Maternelles Publiques.

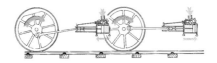

Conseil éditorial :
Paul Costa de Beauregard,
ingénieur.

ISBN: 2-07-039787-4
© Éditions Gallimard. 1991
Dépôt légal: Janvier 1991. Numéro d'édition: 48480
Imprimé par La Editoriale Libraria en Italie

GALLIMARD JEUNESSE

Des ailes,
des roues, des voiles :
les transports

DECOUVERTE BENJAMIN

A pied, à cheval, en voiture, en bateau...

Pour se déplacer plus vite, pour transporter des objets, les hommes ont d'abord utilisé la force et la rapidité des animaux.
Il y a quatre mille ans, ils ont inventé la roue, qui a fait naître la brouette, le chariot, la diligence, la bicyclette...
Ils ont construit des bateaux pour flotter sur l'eau et des voiles pour que le vent les pousse. Mais, jusqu'au siècle dernier, il n'y avait aucune mécanique qui puisse remplacer les muscles de l'homme et des animaux, la force de l'eau et du vent.

Après la fameuse marmite à vapeur de Papin, Joseph Cugnot inventa la première voiture à vapeur.

Au XVIIIᵉ siècle est née une très belle invention : la machine à vapeur capable de pomper l'eau, d'actionner le marteau des forges et de faire tourner les roues. C'est l'ingénieur français Denis Papin (1647-1714) qui eut le premier l'idée d'utiliser la force de la vapeur d'eau.

Quand l'eau bout, elle se transforme en vapeur. On peut comprimer cette vapeur dans une marmite et la laisser s'échapper brutalement au moyen d'une soupape. La force de la vapeur entraîne alors des pistons qui transmettent leur mouvement aux roues par des bielles.

La bielle est une tige articulée qui transforme le mouvement vertical des pistons en mouvement rotatif, celui des roues.

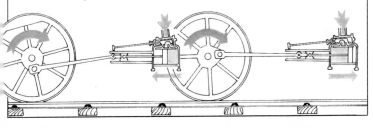

Première voiture à moteur à explosion vendue dans le commerce

Aujourd'hui, l'essence remplace la vapeur.

Pour alimenter les machines à vapeur, il fallait transporter de l'eau, du bois ou du charbon.
Quel encombrement! Plus pratiques, la plupart des moteurs actuels fonctionnent avec un produit tiré du pétrole : l'essence ou le gas-oil.
On les appelle moteurs à explosion.

L'explosion repousse violemment le piston relié par une bielle au vilebrequin qui entraîne les roues.

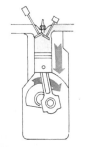

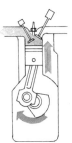

Que se passe-t-il dans le moteur
d'une voiture?
Une étincelle enflamme un mélange
d'essence et d'air comprimé dans un
cylindre, produisant une explosion.
Le moteur à essence ne brûle pas
tout le combustible et rejette
les déchets par le pot d'échappement.
C'est un gaz dangereux, l'oxyde
de carbone.

Les moteurs Diesel,
du nom d'un ingénieur
allemand,
consomment
du gas-oil.

En Europe, au début du XIXe siècle, les premières locomotives à vapeur servaient d'attraction dans les foires.

Très vite, le chemin de fer s'est répandu partout.
Les gens allaient le dimanche voir passer le train!
De nombreux ouvriers étaient employés au Chemin de fer : des aiguilleurs pour orienter les trains, des lampistes pour éclairer les rails, des mécaniciens et des chauffeurs. Il fallait sans cesse surveiller la machine! Une locomotive à vapeur consommait dix kilos de charbon et cent litres d'eau pour chaque kilomètre parcouru.

Un des premiers trains. Les voitures étaient encore des diligences posées sur des rails.

Aux Etats-Unis, le 15 mai 1869, a eu lieu la première traversée du continent américain en chemin de fer.

Aujourd'hui, la circulation des trains est réglée par des ordinateurs qui transmettent les indications au conducteur.

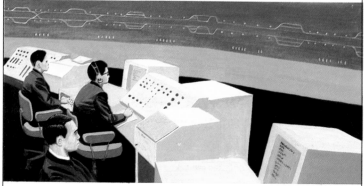

Pour éviter les accidents, les voies sont contrôlées par des techniciens. Tous les 1500 mètres, il y a un signal lumineux.

Les aiguillages, qui orientent les trains au départ d'une gare, sont réglés électroniquement depuis un poste de contrôle.

Pourquoi les trains roulent-ils à gauche?

Avant l'invention du rail, les cavaliers anglais qui se croisaient dans un chemin creux se plaçaient sur la gauche pour ne pas heurter leurs épées. Les premiers constructeurs de trains étaient anglais et l'usage s'est maintenu dans la plupart des pays.

Comment construit-on une voie ferrée?

Sur une plate-forme, on étend d'abord le ballast : un lit de pierres dures qui amortit les vibrations des rails. Puis les traverses sont posées : elles maintiennent l'écartement des rails. Ceux-ci, en acier, sont fixés sur les traverses.

Sur les voies rapides, les rails sont soudés entre eux pour éviter les secousses, le bruit et l'usure.

Ce métro automatique est dirigé par ordinateur.
Il n'a pas de chauffeur.

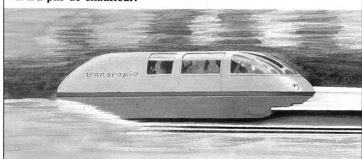

Ce train expérimental à sustentation magnétique
fonctionne avec des aimants : il n'y a ni frottement ni usure.

Un funiculaire

Un train à crémaillère

Les trains transportent des voyageurs ou des marchandises.

La locomotive, très puissante, traîne des wagons de toutes sortes qui contiennent aussi bien du blé que des voitures neuves ou des produits surgelés dans d'immenses réfrigérateurs.

Ces marchandises sont rassemblées dans des gares de triage avant d'être envoyées dans toutes les directions. Sur les grandes lignes, les trains, comme le métro et les tramways, fonctionnent à l'électricité. Le courant est capté depuis les fils électriques par un pantographe fixé sur le toit de la locomotive.

TGV, Train à Grande Vitesse, le train le plus rapide du monde

Lors de la première course
automobile, en juillet 1894,
entre Paris et Rouen,
le vainqueur atteignit la moyenne
de 18,67 kilomètres à l'heure !

On démarrait le moteur à l'aide
d'une manivelle avant
de s'installer
au volant.

Automobile veut dire : qui se déplace tout seul.

Le mot a été inventé en 1866, l'année
de la construction de la première
voiture équipée d'un moteur à
explosion. Elle possédait déjà trois
vitesses, une marche-arrière et
des roues garnies de pneumatiques
gonflables, les pneus. Mais il n'y avait
ni toit ni pare-brise. Les conducteurs
étaient trempés par temps de pluie et
les femmes qui les accompagnaient
passaient pour de grandes sportives.
Les pannes étaient fréquentes :
ces voitures étaient fragiles, et seul
celui qui les avait construites savait
   les réparer.

| 1854 | | 1910 | 1924 | 1935 | 1990 |

Camion semi-remorque
(38 tonnes)

Camion à vapeur
(5 tonnes)

L'automobile n'a pas besoin de rails. **Grâce à ses pneus, elle peut circuler partout.** Dans les campagnes, routes et chemins atteignent les maisons les plus isolées. Les routes sont recouvertes de bitume, dérivé du pétrole, et de gravillons.

Le premier bus,
en 1885,
transportait
8 passagers.

Un bus moderne

Mais il y a trop
de véhicules sur les routes !
Les bouchons qui encombrent
les grandes villes font
perdre du temps et de
l'argent à tout le monde.

Le code de la route,
qui réglemente la circulation,
utilise des signaux
internationaux.

A la même époque, on lance dans les airs des ballons dirigeables, descendants des montgolfières (1). Le Zeppelin (2) traverse l'Atlantique en 1919.

1

2

Les premières machines volantes ressemblaient plus à des chauves-souris qu'à des oiseaux.

Elles furent pourtant baptisées avions, d'après le mot latin «avis» qui signifie oiseau. Au début du siècle, des hommes se sont lancés dans les airs à bord de ces machines fragiles.

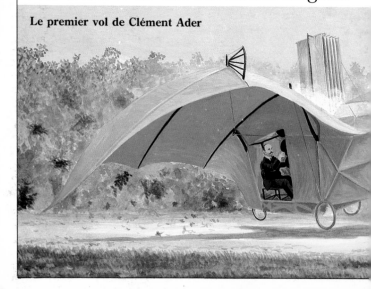

Le premier vol de Clément Ader

Avion des frères Wright

Oiseau Canari 1929

Boeing 727

Clément Ader fut le premier à s'élever
du sol. Vingt ans plus tard, en 1909,
Louis Blériot survola la Manche.
Puis en 1927, l'Américain Lindbergh
traversa l'Atlantique en trente-trois
heures et trente minutes. Ainsi a
commencé la conquête du ciel.

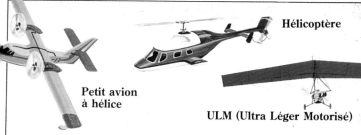

Hélicoptère

**Petit avion
à hélice**

ULM (Ultra Léger Motorisé)

Comment les avions volent-ils?

Leur vitesse les empêche de tomber.
Ils utilisent à la fois la résistance
et la pression de l'air.
Les avions à réaction ont un moteur
très puissant : le turboréacteur aspire
l'air froid, le chauffe en brûlant du
kérosène puis le rejette à l'arrière
avec une grande force. C'est la traînée
blanche que tu vois parfois dans
le ciel.

Les hélicoptères n'ont pas d'ailes
mais des pales qui tournent très vite.
Ils peuvent se poser n'importe où, en
montagne ou sur le toit d'un hôpital.

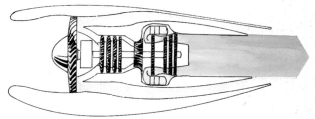

En rejettant l'air
vers l'arrière, le «turbofan»
propulse l'avion vers l'avant.

Au début du siècle, les avions transportaient surtout le courrier.

Comme un code de la route, il existe un code du ciel!

Environ 12 000 avions décollent et atterrissent chaque jour en Europe. Pour éviter les accidents, ils circulent dans des couloirs aériens.

Les avions-cargos sont conçus pour porter des marchandises : des produits alimentaires, des machines et des armes.

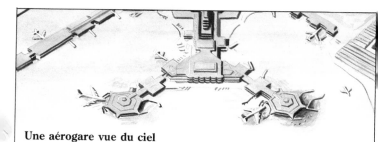
Une aérogare vue du ciel

Quand deux avions empruntent
le même couloir, ils doivent laisser
entre eux au moins six cents mètres
de hauteur. Avant le départ, les
pilotes font un plan de vol : ils
choisissent une route à suivre en
fonction de la météo, de la distance
et de l'altitude pendant le vol.
Les avions sont suivis depuis la terre
par radio ou par radar.

A l'approche des aéroports, les techniciens de la tour
de contrôle guident les pilotes jusqu'à la piste d'atterrissage.

Les bateaux d'autrefois étaient bâtis en bois et assemblés sur le rivage par des charpentiers avant d'être lancés à la mer.

Es-tu déjà monté sur un voilier?

C'est le vent qui gonfle les voiles, et fait avancer le navire. Les hommes naviguent ainsi depuis des milliers d'années.

Mais que faire quand il n'y a pas de vent?

Il y a près de deux siècles, la machine a remplacé la voile sur les grands navires. Ils furent équipés d'une roue à aubes, puis d'un moteur à hélice.

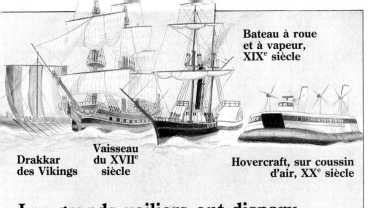

Bateau à roue
et à vapeur,
XIXᵉ siècle

Drakkar
des Vikings

Vaisseau
du XVIIᵉ
siècle

Hovercraft, sur coussin
d'air, XXᵉ siècle

Les grands voiliers ont disparu.

Ils s'appelaient bricks, flûtes, goélettes
ou clippers, immenses navires à trois
ou quatre mâts qui couraient les mers
pour transporter les chercheurs d'or
ou les cargaisons
de thé...

Clipper

Un bateau rapide à ailes portantes : les flotteurs permettent d'accroître la vitesse en réduisant le frottement sur l'eau.

Après les grands voiliers sont nés d'autres géants : les paquebots.

Certains sont restés célèbres, comme le Mauretania, au début du siècle, qui franchissait l'Atlantique en cinq jours grâce à ses puissantes machines, ou le Titanic, qui a sombré lors de son premier voyage en 1912.
Ces « transatlantiques » étaient de vraies villes flottantes.

Les hélices propulsent le navire et sont reliées au gouvernail.

Ils embarquaient plus de mille passagers. Des centaines de cuisiniers, de garçons de cabine et d'hommes d'équipage travaillaient à bord.

Aujourd'hui, une dizaine d'hommes suffit à gouverner les plus gros navires.
Ils sont reliés à la terre par radio, savent exactement leur position sur l'océan grâce aux satellites et disposent de radars pour repérer les autres bateaux et pour connaître la profondeur de l'eau.
Un pilote automatique remplace l'homme de barre.

La plupart des bateaux actuels sont construits en acier. Les différentes parties sont assemblées grâce à un ordinateur.

Porte-conteneurs

Minéralier : il transporte des minéraux.

Certains pétroliers sont aussi longs que des gratte-ciel. Ils peuvent transporter plus de cinq cent mille tonnes de pétrole dans leurs cales. Il a fallu construire des ports spéciaux pour les accueillir !
Les matériaux lourds, les objets trop encombrants pour prendre l'avion voyagent à bord des cargos, enfermés dans des conteneurs étanches.

L'écluse permet de franchir des changements de niveau.
C'est un bassin étanche fermé par des vannes.
En ouvrant l'une ou l'autre vanne, on modifie le niveau de l'eau.

Cargo atomique: l'énergie atomique fait chauffer l'eau des turbines à vapeur.

Dans les ports, des grues déchargent directement les conteneurs sur des trains ou des camions.

Les péniches, sur les fleuves et les canaux, portent aussi des conteneurs et des marchandises lourdes et qui se conservent bien comme le blé, les minerais, etc. Elles vont lentement mais elles consomment peu d'énergie.

As-tu déjà vu passer des trains de péniches? Un gros «pousseur» à l'arrière pousse d'énormes barges attachées ensemble. Chaque barge peut porter jusqu'à 1 000 tonnes.

Un ascenseur à péniche

Les oléoducs et les gazoducs, faits de tubes d'acier soudés, traversent parfois des continents entiers.

Il y a aussi des moyens de transport immobiles, comme les oléoducs, ces énormes tuyaux dans lesquels voyage le pétrole, ou les fils électriques qui transportent l'électricité depuis les centrales jusqu'aux grandes villes. Au fond des océans, reposent des câbles téléphoniques qui transmettent les communications d'un continent à l'autre.
Ceux-là n'ont ni roues ni moteurs...

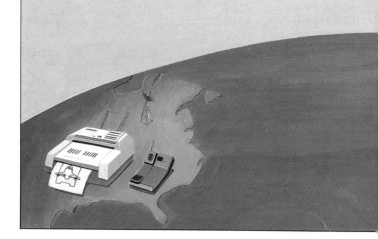

Il y a encore des moyens de transport invisibles.

Tu les utilises tous les jours. Ce sont, par exemple, la radio et la télévision, mais aussi le téléphone, le télex et le télécopieur. Les messages sont transmis sous forme d'ondes grâce à des relais munis d'antennes ou grâce à des satellites qui permettent aux informations de voyager d'un bout à l'autre de la terre. Sans eux, il faudrait parfois des jours entiers de voyage, des heures d'attente !

Les télécommunications à travers le monde se font par l'intermédiaire des satellites. Ils reçoivent des ondes et les renvoient de l'autre côté de la terre.

LE RELAIS

En voyage, on s'arrête, on descend de voiture ;
Puis entre deux maisons on passe à l'aventure,
Des chevaux, de la route et des fouets étourdi,
L'œil fatigué de voir et le corps engourdi.

Et voici tout à coup, silencieuse et verte,
Une vallée humide et de lilas couverte,
Un ruisseau qui murmure entre les peupliers, —
Et la route et le bruit sont bien vite oubliés !

On se couche dans l'herbe et l'on s'écoute vivre,
De l'odeur du foin vert à loisir on s'enivre,
Et sans penser à rien on regarde les cieux...
Hélas ! une voix crie : « En voiture, messieurs ! »

Gérard de Nerval
« Odelettes »
Poésies